# Psychische Gewalt in der Kita

Silke Hubrig

AF567432

Cornelsen

**Autorin**
Silke Hubrig

**Umschlagmotiv**
© Andrii Yalanskyi / Shutterstock.com

**Umschlagkonzept**
Ungermeyer, grafische Angelegenheiten, Berlin

**Satz und Layout**
LemmeDESIGN, Berlin

**Druck**
AZ Druck und Datentechnik GmbH, Kempten, DE

**Verlag an der Ruhr**
Mülheim an der Ruhr
www.verlagruhr.de

**Urheberrechtlicher Hinweis**
Das Werk und seine Teile sind urheberrechtlich geschützt. Jede Verwendung in anderen als den gesetzlich zugelassenen Fällen bedarf der vorherigen schriftlichen Einwilligung des Verlages. Der Verlag untersagt ausdrücklich das Herstellen von digitalen Kopien, das digitale Speichern und Zurverfügungstellen dieser Materialien in Netzwerken (das gilt auch für Intranets von Schulen und sonstigen Bildungseinrichtungen), per E-Mail, Internet oder sonstigen elektronischen Medien außerhalb der gesetzlichen Grenzen. Keine gewerbliche Nutzung.
Näheres zu unseren Lizenzbedingungen können Sie unter www.verlagruhr.de/lizenzbedingungen/ nachlesen.

© Verlag an der Ruhr 2022

ISBN 978-3-8346-5287-4

# Inhalt

# Ein paar Worte vorab

## Psychische Gewalt kommt in jeder Kita vor

In sehr vielen Kitas gehen gewalttätige Handlungen gegen Kinder von pädagogischen Fachkräften aus. (Vgl. Ballmann 2019, S. 8)

In diesem Buch geht es nicht um die körperliche Art der Gewalt, sondern um psychische Gewalt gegen Kinder in Kitas. Diese ist weit verbreitet und wird oftmals gar nicht als solche identifiziert. Kinder werden mit Worten oder auch Taten bloßgestellt, gekränkt, beleidigt, verunsichert etc., wodurch ihre Psyche Schaden nimmt. Die meisten Fälle psychischer Gewalt in der Kita entstehen unbewusst, aus einer normalen (gestressten) alltäglichen Situation heraus: „Bist du mit deinen fünf Jahren noch immer ein Baby und kannst dir die Schuhe nicht allein anziehen?" oder „Deine Eltern sollen dir erst einmal eine vernünftige Regenhose kaufen, bevor sie sich so ein dickes Auto anschaffen!" können Beispiele sein. Dem Erzieher oder der Erzieherin platzt der Kragen und er oder sie brüllt die Kinder an, weil diese zu laut sind, den Aufforderungen nicht nachkommen oder den Erwartungen nicht entsprechen. Kinder sind mit solchen Situationen überfordert und erschrocken über diese Gefühlsausbrüche. Diese und ähnliche pädagogische Fehlverhalten sind strafrechtlich nicht relevant. Dennoch sind sie im Umgang mit Kindern unangebracht und schädigen sie. Hier müssen Konsequenzen folgen und Maßnahmen eingeleitet werden, die eine Wahrscheinlichkeit der Wiederholung vermeiden.

Jedes Kind hat ein Recht auf gewaltfreie Erziehung. Die Kita muss ein sicherer, entwicklungsfördernder Ort für alle Kinder sein, an dem die körperliche und psychische Unversehrtheit eines jeden Kindes an erster Stelle steht.

Dieses Buch soll dabei helfen, pädagogische Fachkräfte für psychische Gewalt zu sensibilisieren und sowohl das eigene Verhalten als auch das der Kollegen und Kolleginnen zu reflektieren. Psychische Gewalt muss als solche wahrgenommen werden. Erst dann besteht die Möglichkeit, sie zu stoppen. Pädagogische Fachkräfte sollten alles dafür tun, um psychische Gewalt im Vorfeld zu verhindern, denn jede Kita muss ein gewaltfreier Raum sein.

In diesem Buch erfahren Sie, was psychische Gewalt ist, welche Situationen zu psychischer Gewalt gehören und welche Formen von Gewalt es grundsätzlich gibt. Darüber hinaus erhalten Sie einen Überblick darüber, welche Folgen Gewaltausübung auf Kinder haben kann.

Anschließend gebe ich Ihnen einen Überblick über die Handlungsmöglichkeiten, die Sie als Fachkraft zum Umgang mit psychischer Gewaltausübung haben und welche Präventivmaßnahmen Gewalt verhindern können.

Ich freue mich sehr, dass Sie sich mit dem Thema „psychische Gewalt" auseinandersetzen, und hoffe, dass Sie und alle, mit denen Sie nach dem Lesen dieses Buches darüber sprechen, ein kleines Stück sensibler geworden sind.

*Ihre Silke Hubrig*

## Gut zu wissen

### Alles Wichtige über psychische Gewalt

„Psychische Gewalt" wird folgendermaßen definiert: Gewalt ist der zerstörerische und ungerechtfertigte Gebrauch von Macht in sozialen Beziehungen. Wer Gewalt ausübt, zwingt jemanden, sich dem Willen des Gewalttäters oder der Gewalttäterin zu unterwerfen. Gewalt kann bewusst oder unbewusst ausgeübt werden. (Vgl. Leitner 2018, S. 5)

Es wird davon ausgegangen, dass psychische Gewalt in jeder Kita vorkommt. (Vgl. Maywald 2019b, S. 15) Diese geht nicht von pädagogischen Teams aus, sondern von einzelnen Fachkräften. (Vgl. Ballmann 2019, S. 8) Es gibt dabei jedoch keine Daten, die das Ausmaß von Gewalt in der Kita schwarz auf weiß belegen. Nicht alle Fälle werden strafrechtlich verfolgt oder haben arbeitsrechtliche Konsequenzen. Trägerinnen und Träger müssen der Behörde zwar Fälle von Gewalt melden, aber es liegen darüber keine Statistiken vor. (Vgl. Maywald 2019b, S. 15) Sehr viele Fälle werden sicher auch nicht gemeldet, weil sie nicht als eine Form von Gewalt wahrgenommen wurden, wie etwa, wenn alle Kinder dazu genötigt werden, das Mittagessen in der Kita zu sich zu nehmen, unabhängig davon, ob sie hungrig sind oder das Essen mögen. Frei nach dem Motto „Wir mussten früher auch immer alles essen, was auf den Tisch kam. Das hat uns auch nicht geschadet" wird die Regel, dass alle Kinder das Essen zumindest immer probieren müssen, von pädagogischen Fachkräften nicht als Gewalt erlebt. Dabei ist dieser Zwang zum Essen eine Form psychischer Gewaltausübung.

Es ist davon auszugehen, dass im oftmals stressigen pädagogischen Alltag nahezu jeder Fachkraft eine psychisch gewaltvolle Äußerung oder Handlung „herausrutscht".

Das kann ein genervtes Augenrollen sein, wenn Peter mal wieder kein Frühstück dabeihat oder das Aus-der-Hand-Reißen einer Zahnbürste, weil Klara die Fliesen anstatt ihrer Zähne mit Zahnpasta geputzt hat. Pädagogische Fachkräfte einer Kita sind gefühlvolle Menschen und ein Fehlverhalten ist unter Belastung, innerem und äußerem Druck und Stress auch menschlich. Das soll jedoch nicht bedeuten, dass solch ein Fehlverhalten in Ordnung ist.

## Kinder haben ein Recht auf gewaltfreie Erziehung

Es ist keine Ausnahme, dass Kinder psychische Gewalt in der Kita erleben müssen, die von den pädagogischen Fachkräften ausgeht. Dabei haben Kinder ein Recht auf gewaltfreie Erziehung.

**GUT ZU WISSEN**

Seit November 2000 ist im Bürgerlichen Gesetzbuch Folgendes verankert: „Kinder haben ein Recht auf gewaltfreie Erziehung. Körperliche Bestrafungen, seelische Verletzungen und andere entwürdigende Maßnahmen sind unzulässig." (§ 1631 Absatz 2 BGB)

Durch den Betreuungsvertrag der Eltern mit der Kita haben pädagogische Fachkräfte für die Zeit, in der die Kinder in der Kita betreut werden, ein abgeleitetes Erziehungsrecht. Somit gilt rechtlich für die Fachkräfte dasselbe wie für die Eltern. Darüber hinaus steht im Kinder- und Jugendhilfegesetz des Sozialgesetzbuches Folgendes: „Der Förderungsauftrag umfasst Erziehung, Bildung und Betreuung des Kindes und bezieht sich auf die soziale, emotionale, körperliche und geistige Entwicklung des Kindes. Er schließt die Vermittlung orientierender Werte und Regeln ein. Die Förderung soll sich am Alter und Entwicklungsstand, den sprachlichen und sonstigen Fähigkeiten, der Lebenssituation sowie den Interessen und Bedürfnissen des einzelnen Kindes orientieren und seine ethnische Herkunft berücksichtigen."

(§ 22 Absatz 3 SGB VIII) Dieser Abschnitt bezieht sich auf Tageseinrichtungen für Kinder. Pädagogische Fachkräfte sind also dazu verpflichtet, Kinder gewaltfrei zu erziehen und den Kindern dabei ein Modell zu sein. (Vgl. Leitner 2018, S. 4)

# Die Bedeutung für die kindliche Entwicklung

## Formen von Gewalt unter der Lupe

Meist denken wir bei dem Wort „Gewalt" an körperliche Gewalt, also wenn etwa ein Mensch einen anderen schlägt. Gewalt kann jedoch auf unterschiedlichen Ebenen stattfinden.

Formen von Gewalt gegen Kinder durch pädagogische Fachkräfte können auf den Körper, die Seele oder auch die Sexualität eines Kindes gerichtet sein. **Körperliche Gewalt** ist beispielsweise, wenn die Fachkraft das Kind in einem Raum einsperrt, es am Stuhl festbindet, es schlägt oder schubst, es zum Essen zwingt, es am Arm reißt oder es sich verkühlen lässt. Unter **körperlicher Vernachlässigung** versteht man beispielsweise eine mangelhafte Ernährung, Bekleidung oder Körperpflege, wie etwa, dass ein Kind, welches noch nicht selbstständig zur Toilette gehen kann, in der Kita nicht gewickelt wird. (Vgl. Maywald 2019b, S. 12)

Zu **sexualisierter Gewalt** wird auch sexueller Missbrauch, sexueller Übergriff oder sexuelle Misshandlung gesagt. Damit sind alle sexuellen Handlungen (auch Worte oder Blicke) gemeint, „die ein Erwachsener oder älterer Jugendlicher zur Befriedigung eigener Bedürfnisse unter Ausnutzung seiner Autoritätsperson an oder vor einem Kind (einer/einem Jugendlichen) gegen dessen Willen vornimmt und/ oder denen das Kind aufgrund seiner körperlichen, emotionalen, sozialen, kognitiven und sprachlichen Unterlegenheit nicht zustimmen kann" (Lercher/Derler/Höbel 1995, S. 18). Von sexualisierter Gewalt ist beispielsweise dann die Rede, wenn ein Kind gegen seinen Willen aus eigener Lust an der Nähe auf den Schoß gezogen wird oder wenn es gegen seinen Willen geknuddelt und liebkost wird. Auch das Berühren der kindlichen Genitalien ohne Notwendigkeit ist sexualisierte Gewalt oder die Aufforderung an das Kind, eine sexuelle Pose einzunehmen. (Vgl. Maywald 2019b, S. 12)

Von **psychischer (oder auch seelischer) Gewalt** wird gesprochen, wenn ein Kind z. B. bloßgestellt, beschämt, diskriminiert, abgelehnt, gedemütigt, ausgegrenzt, isoliert, angeschrien, beleidigt, bedroht oder erpresst wird. Von **emotionaler Vernachlässigung** wird gesprochen, wenn dem Kind emotionale Zuwendung verweigert oder es nicht getröstet wird, wenn es Trost braucht. (Vgl. Maywald 2019b, S. 12)

Auch die **Vernachlässigung der Aufsichtspflicht** ist eine Form von Gewalt gegen Kinder. Eine Vernachlässigung liegt beispielswiese vor, wenn Kinder zu lange oder in gefährlichen Situationen nicht beaufsichtigt werden, wenn Kinder in gefährliche Situationen gebracht oder auch Sicherheitsvorkehrungen oder Hilfe unterlassen werden. (Vgl. Maywald 2019b, S. 12)

Diese Formen der Gewalt sind nur theoretisch voneinander zu trennen. In der Realität treten sie gemeinsam auf. So wird beispielsweise körperliche Gewalt nie ohne seelische Gewalt einhergehen können. (Vgl. Maywald 2019b, S. 13) Während körperliche Gewalt eher von den Eltern ausgehend stattfindet, so findet in der Kita mehr Gewalt auf der psychischen Ebene statt.

## Psychisch gewalttätige Verhaltensweisen, die in Kitas vorkommen können

Im Folgenden werden beispielhaft Verhaltensweisen beschrieben, die im pädagogischen Alltag der Kita vorkommen können. Nicht immer werden diese Verhaltensweisen von den Ausführenden oder Beobachtern und Beobachterinnen als gewalttätig wahrgenommen. Manchmal finden Erwachsene Situationen lustig oder nicht so schlimm, welche für die Kinder jedoch schwere psychische Folgen haben können. Die folgenden Beispiele sollen für das Thema „psychische Gewalt" sensibilisieren.

### Kinder beschämen und bloßstellen

*„Tim hat sich schon wieder in die Hose gemacht! Er kriegt bald einen Pokal dafür, wenn das so weitergeht."*
*„Du heulst noch immer, wenn sich deine Mama von dir verabschieden will? Du bist doch schon fünf Jahre alt. Oder soll ich dir auch noch einen Schnuller holen?"*
*„Guckt euch mal Peter in seiner Verkleidung an! Na, bist du heute eine kleine Petra?"*
*„Du isst wie ein Schwein."*
*„Du kapierst echt nie, worum es geht!"*

Kinder zu beschämen, bedeutet, sie zu entwürdigen. Das führt dazu, dass sich das Kind nicht wertschätzend achten kann, wodurch auch sein Selbstvertrauen leidet. (Vgl. Maywald 2019b, S. 42 ff.)

### Kinder anschreien

*„Lass das!"*
*„Räum das weg!"*
*„Nun zieh endlich die Hausschuhe an!"*

Ein Kind anzuschreien, ist verbale Gewalt. Kinder können das Unkontrollierte, das mit dem Schreien zum Ausdruck kommt, nicht einordnen und das macht ihnen Angst. Angebrüllt zu werden, schüchtert sie ein.

Pädagogische Fachkräfte werden immer mal wieder lauter im pädagogischen Alltag, um sich im Trubel der Kinder Gehör zu verschaffen. Manchmal ist es nicht zu vermeiden. Es darf jedoch kein Verhaltensmuster der Fachkraft werden. (Vgl. Maywald 2019b, S. 44 ff.)

### Kinder vergleichen und vorführen

*„Mia traut sich das immer. Du schaffst das auch!"*
*„Johann zieht sich auch schon ganz allein die Jacke an. Dann kannst du das jetzt auch mal lernen."*
*„Du bist ja noch immer nicht fertig mit dem Anmalen. Karla hat sogar schon ihren Platz aufgeräumt."*

Es ist wenig zielführend, Kinder miteinander zu vergleichen, denn jedes Kind ist anders und individuell in seiner Entwicklung. Die eine ist im motorischen Bereich stärker und der andere im sozial-emotionalen Bereich seinen Altersgenossinnen und -genossen voraus. Dieses individuelle Entwicklungstempo muss respektiert werden. Manchmal vergleichen Fachkräfte, um Kinder anzuspornen oder zu motivieren, sich etwas Bestimmtes zu trauen oder zu machen. Letztendlich sind Vergleiche jedoch entmutigend, denn sie stellen das Kind bloß. Es ist entmutigend, vor Augen gehalten zu bekommen, was man noch nicht kann. Zudem ist es dem Kind gegenüber anmaßend und respektlos. Das Kind kann sich nicht wertschätzend wahrgenommen und akzeptiert fühlen. Möglich ist auch, dass das Kind aufgrund permanenter Vergleiche eine Abwehrhaltung einnimmt, welche es in seiner Entwicklung behindern kann. (Vgl. Maywald 2019b, S. 46 ff.)

### Kinder diskriminieren

*„Ja, tanzen kann Sabar toll. Mit seinen afrikanischen Wurzeln hat der Junge das einfach im Blut."*
*„Die Tore von den Mädchen zählen doppelt. Das ist ja sonst unfair, denn die Jungs können viel besser Fußball spielen."*
*„Hier sind wir in Deutschland und wir essen keine kalten Kartoffeln zum Frühstück. So macht man das vielleicht bei euch zu Hause. In der Kita sicher nicht."*
*„Was bist du denn für eine Heulsuse, Patrick. Ich dachte, du bist ein Junge!"*
*„Deine Mutter kauft sich ja lieber Zigaretten, anstatt dir Geld für den Ausflug mitzugeben. War ja klar."*

**GUT ZU WISSEN**

Mit dem Wort „Diskriminierung“ ist eine unterschiedliche Behandlung von Menschen gemeint. Diese beruht auf unterschiedlichen Eigenschaften und Merkmalen, die Menschen haben. Diese sind z. B.: die kulturelle und soziale Herkunft, die Hautfarbe, das Geschlecht, das Alter oder auch die Religionszugehörigkeit.

Diskriminierung speist sich aus Vorurteilen, die allen Menschen mit bestimmten Eigenschaften angedichtet werden, wie etwa „Mädchen können schlechter Fußball spielen als Jungen“ oder „Alle Menschen aus Afrika können toll tanzen“. Vorurteile nehmen den Menschen, der vor einem steht und an den die Aussage gerichtet ist, nicht wahr.

In der Kita fühlt sich ein Kind, das diskriminiert wird, nicht gesehen und damit auch nicht wertgeschätzt. Es wird aufgrund eines bestimmten Merkmals in eine Kategorie gepresst, die nicht zu ihm passt. Diskriminierende Äußerungen sind abwertend, kränken und dürfen im pädagogischen Alltag nicht gebilligt werden. Auch wenn sie als „Witz“ („War doch nicht so gemeint!“) oder „harmlos dahergeredet“ verpackt werden, sind sie nicht zu dulden.

Um solche Äußerungen zu erkennen, bedarf es einer Reflexion im Sinne der vorurteilsbewussten Erziehung. In Klischees denken wir Menschen erst einmal immer, um uns die Welt überschaubarer und greifbarer zu machen. Wichtig ist, dass die Klischees und (Vor-)Urteile hinterfragt werden, damit wir nicht selbst darauf hereinfallen und andere diskriminieren.

### Ironische Bemerkungen

*„Ach, Madame ist wohl die Schlauste hier?"*
*„Das hast du ja super gemacht! Schon wieder ist das Glas umgekippt! Ganz toll!"*
*„Ich gratuliere. Du hast dich von oben bis unten vollgekleckert. Glückwunsch!"*
*„Du bist ja mal wieder ganz pünktlich. Immer eine halbe Stunde zu spät. Jetzt ist der Morgenkreis gleich vorbei. Eine tolle Uhr habt ihr zu Hause."*

Kinder können ironische und zynische Bemerkungen im Kita-Alter noch nicht verstehen. Sie nehmen lediglich ein verwirrendes Gefühl wahr, denn Worte und Mimik/Gestik passen nicht zusammen. Das verunsichert das Kind. Welche Botschaft, die bei ihm ankommt, stimmt nun? Sind es die Worte? „Bin ich wirklich die Schlauste hier in der Gruppe?" Oder ist es der abschätzige Blick, der dem Kind sagt: „Das, was ich gesagt habe, kommt nicht gut an."

Hierbei handelt es sich um das Senden „doppelter Botschaften". Diese doppelten Botschaften verwirren die Kinder und sie wissen nicht, ob sie ihrer eigenen Wahrnehmung noch vertrauen können. Sie sind unsicher, wie sie sich in Zukunft verhalten sollen oder was derzeit von ihnen erwartet wird. Wenn ein Kind solche Situationen sehr oft erlebt, kann das zu einer psychischen Störung führen.

## Psychische Gewalt geht manchmal mit körperlicher Gewalt einher

Häufig treten psychisch gewalttätige Verhaltensweisen in Kitas in Zusammenhang mit körperlicher Gewalt auf. Im Folgenden werden einige Alltagsbeispiele aufgegriffen, um für das Thema zu sensibilisieren.

### „Aufessen!" – Der Zwang zum Essen

„Iss dein Essen auf!", „Du hast dir das aufgetan und musst es essen.", „Wenn du das Gemüse nicht isst, kriegst du keinen Nachtisch." oder „Alles muss probiert werden!" sind typische Beispiele, die häufig in Kitas zu hören sind. Mit diesen oder anderen Kommandos werden

Kinder zum Essen gezwungen, auch wenn sie signalisieren, nicht essen zu wollen.

Kinder zum Essen zu zwingen, ist nicht nur eine Form von psychischer, sondern auch von körperlicher Gewalt.

Die Nahrungsaufnahme ist sehr persönlich und letztendlich etwas sehr Intimes. Jeder Mensch entscheidet selbst, wie viel und welche Form von Nahrung er zu sich nimmt. Essen wird oral aufgenommen. Es gleicht einer Vergewaltigung, einem Menschen das Essen gewaltvoll in den Mund zu stecken.

**GUT ZU WISSEN**

Eine Ausnahme ist, wenn ein Kind aus gesundheitlichen Gründen eine Medizin zu sich nehmen muss, da andernfalls ein gesundheitliches Risiko bestehen würde.

Pädagogische Fachkräfte sollten Kinder selbstverständlich im Sinne einer Ernährungserziehung dazu anregen, bestimmte Nahrungsmittel zu probieren. Dabei sollte es aber nie zum Probierzwang kommen. (Vgl. Maywald 2019b, S. 52 ff.)

**TIPP**

Stellen Sie den Kindern eine Auswahl an Nahrungsmitteln zur Verfügung, sodass jedes Kind selbst entscheiden kann, welche es aufnehmen möchte.

Kinder, die zum Essen gezwungen werden, verbinden die Nahrungsaufnahme mit negativen Emotionen und können ein gestörtes Essverhalten entwickeln. Möglicherweise verweigern sie zukünftig die Nahrungsmittel, die ihnen aufgezwungen wurden, und entwickeln eine Abscheu. (Vgl. Ay, Holm 2021, o. S.)

**„Alle Kinder schlafen jetzt!" – Der Zwang zum Schlafen**

Ausreichend Ruhe, Entspannung und Schlaf sind Grundvoraussetzungen für eine gesunde, kindliche Entwicklung. Das Ruhe- und Schlafbedürfnis von Kindern ist sehr individuell. Manche Dreijährige brauchen beispielsweise einen Mittagsschlaf oder eine Ruhepause in der Kita, während andere weiterspielen möchten.

Es brauchen also nicht alle Kinder einen Mittagsschlaf und damit darf es auch kein Gesetz in der Kita sein, dass alle Kinder schlafen müssen.

Schlafenszeiten müssen individuell, je nach dem Bedürfnis des Kindes, ermöglicht werden. (Vgl. Maywald 2019b, S. 56 ff.)

**TIPP**

In jeder Kita kann eine ruhige Ecke mit einer Matratze abgetrennt werden, auf der sich Kinder ausruhen können. Regen Sie zu solch einer Ruheecke in Ihrer Kita an, falls sie noch nicht vorhanden ist.

**„Und jetzt alle noch mal auf die Toilette!" – Der Zwang zum Toilettengang**

Ein Kind zu nötigen, auf die Toilette zu gehen, wenn es selbst nicht den Drang verspürt und nicht gehen möchte, ist ein Akt psychischer und körperlicher Gewalt.

Kinder dürfen selbst über die eigenen Körperausscheidungen bestimmen und haben dabei ein Recht auf Privatsphäre. Dieses Recht ist nicht gegeben, wenn eine pädagogische Fachkraft unter Zeitdruck immer wieder über den Rand der Toilettenkabinentür guckt und sagt: „Bist du endlich fertig? Nun mach mal schneller!" Es ist ebenso gegen jedes Recht, wenn alle Kinder zur selben Zeit zum Toilettengang gezwungen werden. Auch bei der Sauberkeitserziehung hat jedes Kind ein individuelles Tempo, welches respektiert werden muss. Die Kinder bestimmen selbst über ihren Körper. Jedes Kind sollte bei der Sauberkeitserziehung unterstützt werden, aber ohne körperlichen Zwang („Du gehst JETZT aufs Klo!") oder psychischen Druck („In deinem Alter solltest du das schon längst können!"). Das Kind bestimmt bei seiner Sauberkeitserziehung sein Tempo – und nicht die pädagogische Fachkraft. (Vgl. Maywald 2019b, S. 58 ff.)

Das gilt auch für das Wickeln von Kindern. Eine Wickelsituation ist ein intimes Beziehungsgeschehen. Die pädagogische Fachkraft sollte das stets im Kontakt mit dem Kind tun. Sie muss das Wickeln verbal begleiten; ankündigen, was sie tut, und die Signale des Kindes wahrnehmen. Äußert das Kind beispielsweise, dass es von einer Person nicht gewickelt werden möchte, so ist das zu respektieren. (Vgl. Maywald 2019b, S. 58 ff.)

### „Wenn du dir jetzt nicht die Zähne putzt, putz ich dir die Zähne!" – Der Zwang zum Zähneputzen

Kinder sollen in der Kita Zähneputzen und haben nicht immer Lust darauf.

**!** Obwohl die Zahnpflege für eine gesunde Zahnentwicklung der Kinder grundlegend bedeutsam ist, darf keine pädagogische Fachkraft einem Kind mit Gewalt die Zähne putzen. Das ist eine absolut grenzüberschreitende, gewaltvolle Handlung gegenüber dem Kind.

Kinder müssen immer signalisieren, dass sie einverstanden sind, wenn eine pädagogische Fachkraft beim Zähneputzen behilflich ist oder nachputzt. Wenn ein Kind das Zähneputzen häufig verweigert, sollte gemeinsam mit den Eltern nach einer Lösung für die Zahnpflege gesucht werden.

**„Du bleibst jetzt gefälligst hier sitzen!" – Kinder festhalten oder an ihnen zerren**

Ein Kind auf einen Stuhl zu drücken, weil es immer wieder aufspringt; es festzuhalten, weil es weglaufen will; es von hinten gewaltsam zu schieben, weil es nach Meinung der Fachkraft zu langsam geht etc., ist ganz klar körperliche Gewalt und verboten.

Eine Ausnahme besteht dann, wenn das Kind vor Gefahren geschützt werden muss. Bevor ein Kind z. B. vor ein Auto läuft, muss es schnell gegriffen und von der Straße geholt werden. Wenn ein Kind ein anderes Kind verprügelt, muss es selbstverständlich festgehalten werden, um das andere Kind zu schützen.

**TIPP**

In solchen Notfallsituationen sollten Sie dem Kind im Nachhinein das eigene Verhalten erläutern.

**„Ich zähle bis drei und dann ...!" – Androhung von Gewalt/Erpressung**

Für manche Erwachsene sind Drohungen im Sprachgebrauch mit Kindern gängig bzw. sie werden gar nicht mehr als Drohung oder Form der Erpressung wahrgenommen. „Ich zähle bis drei und dann ...!", „Wenn du nicht aufisst, bekommst du keinen Nachtisch" oder „Wenn ihr nicht sofort reinkommt, dürft ihr nie wieder auf dem Außengelände spielen" sind typische Beispiele aus dem Kita-Alltag. Solche Drohungen entstehen häufig, wenn der Fachkraft eine Situation über den Kopf wächst und sie sich hilflos fühlt.

Aber mit der Androhung von Gewalt oder Erpressung nutzt die Fachkraft ihre Macht aus, denn letztendlich darf sie entscheiden, was die Kinder in der Kita dürfen und was nicht. Wer mit Drohungen oder Erpressungen arbeitet, verlässt die Beziehungsebene und setzt den positiven Kontakt zum Kind aufs Spiel.

Doch Erpressungen müssen nicht zwangsläufig mit Strafen einhergehen. Es kann auch mit Belohnungen „erpresst" werden, wie etwa: „Wer schnell aufräumt, bekommt im Abschlusskreis einen Keks" oder „Wenn du es schaffst, beim Frühstück nicht zu zappeln und zu reden, dann bekommst du einen Stempel auf deinen Zettel. Wenn du drei Stempel hast, darfst du dir etwas aus der Schatzkiste aussuchen".

### „Du gehst jetzt vor die Tür!" – Kinder isolieren

In vielen Kitas ist es üblich, dass ein Kind, welches beispielsweise den Ablauf des Morgenkreises durch Reden oder Zappeln stört, den Raum verlassen muss. Oberflächlich betrachtet, ist das keine schlimme Strafe, sondern eine logische Konsequenz: Die anderen Kinder wollen einen ungestörten Morgenkreis erleben und das störende Kind muss gehen, wenn es sich entscheidet, weiter zu stören.

Beim näheren Betrachten allerdings kann die Botschaft, die mit dieser Konsequenz einhergeht, tief verletzen. Das Kind wird ausgeschlossen und gehört für die Dauer des Morgenkreises nicht mehr zur Gruppe. Es wird mit seinem unerwünschten Verhalten von der derzeitigen Bezugsperson in der Kita abgelehnt.

Das Kind wird gezwungen, allein an einem bestimmten Platz zu sein (z. B. auf dem Flur) – so lange, bis die Fachkraft diese Isolation beendet. Hier wird oft nicht näher hingeschaut, warum das Kind sich in der Gruppe so verhalten hat. Es wird nicht immer reflektiert, warum das Kind möglicherweise gar nicht anders konnte. Die Isolation geht am

Bedürfnis des Kindes vorbei. Manchmal werden Kinder von der Gruppe isoliert, wenn die pädagogische Fachkraft den Eindruck hat, es müsse sich beruhigen, oder wenn es ein Kind geärgert hat und mal in Ruhe über sein Verhalten nachdenken soll. Auch in diesen Fällen werden die Bedürfnisse des Kindes nicht gesehen.

**TIPP**

Bieten Sie dem Kind eine Auszeit an, ohne sie zu erzwingen. Isolieren Sie das Kind nicht von den übrigen Kindern und seiner Bezugsperson.

Die Androhung „Wenn du jetzt nicht aufhörst, fliegst du raus!" funktioniert in vielen Fällen, weil Kinder in der Kita nicht bloßgestellt werden möchten und nicht allein auf einem Flur oder einem Stuhl in der Ecke sitzen wollen. Sie wollen vom Erzieher oder der Erzieherin gemocht werden. Die Angst vor der Strafe und der Isolation bringt sie zur Anpassung. Wahrscheinlich haben aber die wenigsten pädagogischen Fachkräfte ein Kind beobachtet, welches sein Fehlverhalten auf der Bank reflektiert und sich danach von Herzen entschuldigt. Fachkräfte isolieren Kinder in der Regel aus einer Hilflosigkeit heraus und damit der Alltag „läuft". Sinnvoller wäre es aber, den Ablauf des Alltags an die Bedürfnisse der Kinder anzupassen. Z. B. könnte der Morgenkreis spontan verkürzt werden, damit alle Kinder bis zum Ende teilnehmen können.

**GUT ZU WISSEN**

Wird ein Kind ohne die Begleitung einer pädagogischen Fachkraft auf den Flur geschickt, wird die Aufsichtspflicht verletzt.

## Die Folgen psychischer Gewalt durch pädagogische Fachkräfte für die Kinder

Anders als körperliche Gewalt hinterlässt psychische Gewalt auf den ersten Blick keine direkt auffälligen Spuren bei den Kindern. Es gibt keine Blutergüsse oder andere sichtbare Wunden. Dennoch ist psychische Gewalt genauso schmerzhaft wie körperliche.

**GUT ZU WISSEN**

Für jedes Kind sind Gewalterlebnisse ein erheblicher Eingriff in ihr Sicherheitsgefühl. Sicherheit zählt zu den Grundbedürfnissen eines jeden Menschen. Kinder sind auf den Schutz und die Geborgenheit der Erwachsenen angewiesen. Kinder im Kita-Alter sind noch nicht in der Lage, das Verhalten der Fachkraft, das eigene Verhalten und die Situation objektiv zu reflektieren. Sie nehmen das Verhalten der Fachkraft stets als angemessen und richtig wahr.

„Mama und Papa haben mich hier angemeldet und mögen die Erzieherin. Sie wird schon Recht haben. Sie ist erwachsen und weiß alles." Kinder glauben also, dass es richtig ist, so behandelt zu werden, und dass sie selbst Schuld haben, wenn sie bloßgestellt, gekränkt oder isoliert werden.

Unmittelbare Reaktionen auf Gewalterfahrungen können beispielsweise Erstarren, Angst, langes Weinen oder das Um-sich-Schlagen sein. So erstarrt ein Kind möglicherweise, wenn es unvermittelt von der Fachkraft angebrüllt wurde.

Des Weiteren zeigen sich auch mittel- und langfristige Reaktionen auf gewaltvolle Erlebnisse. Diese können z. B. der Rückzug des Kindes, der Verlust von innerer Zuversicht, hochgradige Furcht, Anklammern an Mutter oder Vater oder Spielunlust sein. Die Folgen können auch noch im Erwachsenenalter präsent sein. Sie können sich in psychosomatischen Leiden oder seelischen Krankheitsbildern, wie posttraumatischen Belastungsstörungen, ausdrücken. (Vgl. Techniker Krankenkasse 2021, o. S)

**GUT ZU WISSEN**

Die Ergebnisse einer Studie zeigten, dass psychische Gewalt an Kindern im selben Maß Depressionen, Angstzustände, Suizidgedanken, geringes Selbstbewusstsein und posttraumatische Stresssymptome zur Folge hat wie körperliche Gewalt. (Vgl. Metzler 2019, o. S.)

Grundsätzlich erzeugen Gewalterfahrungen inneren Stress, denn das Kind ist angespannt. Daueranspannung und Stress machen krank, sowohl Kinder als auch Erwachsene. Wenn die Entspannung fehlt, ist das Immunsystem geschwächt, man ist psychisch nicht belastbar und kann sich nicht gut konzentrieren. In einem gestressten Zustand sind keine gesunde Entwicklung und Bildung möglich. Das Explorationsverhalten des Kindes wird behindert.

## Ganz praktisch

### Eine gewaltfreie Kita sein

Was kann nun getan werden, damit die Kita gewaltfrei ist und bleibt? Grundsätzlich muss die Kita ein Ort der Selbstbestimmtheit sein, in dem pädagogische Fachkräfte, weiteres Personal, Kinder und Eltern respektiert und würdevoll behandelt werden. Alle müssen sich sicher und wohl fühlen können. (Vgl. Leitner 2018, S. 11)

### Reflexionen als Bestandteil der Teamarbeit

Beobachtet jemand in der Kita die Anwendung psychischer Gewalt, muss das zur Sprache kommen. Hat eine Fachkraft Angst, dass sie zu belastet ist, und nimmt sie wahr, dass sie ihren Stress an den Kindern auslässt, muss das ebenso angesprochen werden.

**TIPP**

In jeder Kita gibt es Teamsitzungen, die vor allem für Planungen genutzt werden. Hier sollte als eine Form der Gewaltprävention die Reflexion des eigenen pädagogischen Verhaltens und die Weiterentwicklung durch ein konstruktives Feedback der Kollegen und Kolleginnen ermöglicht werden.

Im Rahmen von regelmäßigen Teamgesprächen sollten alle pädagogischen Fachkräfte die Möglichkeit erhalten, sich mit ihrer Biografie und Persönlichkeitsstruktur auseinanderzusetzen und ihr fachliches Handeln zu reflektieren. Dadurch können persönliche Einstellungen und Wertehaltungen, die im pädagogischen Handeln eine Rolle spielen, wahrgenommen, verstanden und reflektiert werden. Auf diese Weise kann eine Fachkraft beispielsweise verstehen, warum sie genervt ist und vor Wut platzt, wenn ein Kind beim gemeinsamen Mittagessen mit dem Essen spielt. Möglichen Gewaltausbrüchen,

z. B. in Form von Anschreien („Hier wird nicht mit Essen gespielt!"), kann vorgebeugt werden. So kann die Fachkraft die für sie brenzlige Situation durch das (Wieder-)Erlangen ihrer professionellen Handlungsfähigkeit entschärfen. Fehlt die Reflexion, werden biografische Erfahrungen automatisch weitergegeben, frei nach dem Motto: „Das war früher so und hat mir auch nicht geschadet."

## Was ist zu tun, wenn ich beobachte, dass ein Kollege oder eine Kollegin psychische Gewalt ausübt?

Wenn eine Fachkraft gewaltvolles Verhalten beobachtet, bedeutet Wegschauen und Ignorieren, dass die Tür für weiteres gewaltvolles Verhalten geöffnet ist.

Aber kann eine Fachkraft wirklich ihre Kollegin oder ihren Kollegen „verpetzen"? An dieser Stelle sollte man sich fragen, ob das Verhalten der Kollegin oder des Kollegen dem Kind gegenüber denn sein darf. Die Konsequenzen der beobachteten Handlung für das Kind sind sicher schlimmer als die Folgen im Team, wenn das Fehlverhalten thematisiert wird. In der pädagogischen Arbeit in der Kita steht das Wohl des Kindes an erster Stelle. Sobald ein Fehlverhalten einer Kollegin oder eines Kollegen ignoriert, heruntergespielt oder relativiert wird, ist die Beobachterin oder der Beobachter mit ins Geschehen verwickelt. Eine pädagogische Fachkraft hat die Pflicht, einzugreifen und sich schützend vor das Kind zu stellen. Alles andere ist ein Zeichen mangelnder Professionalität und die Verweigerung, Verantwortung zu übernehmen. (Vgl. Ballmann 2019, S. 169 ff.)

Jede Form der Gewaltausübung am Kind sollte der betreffenden Fachkraft gespiegelt werden. Denn schließlich sollte es sich nicht wiederholen oder sich in das Verhaltensrepertoire einschleichen. Es sollte weder verharmlost noch dramatisiert werden. Vielmehr geht es zunächst um die Anerkennung der Realität. Kollegen und Kolleginnen sind hierbei aufeinander angewiesen. Durch das Geben von Feedback können nicht nur die Kinder vor einem unprofessionellen Verhalten geschützt werden, sondern auch die betreffende Fachkraft kann aus dem Fehler lernen und Hilfe, Unterstützung oder Entlastung fordern.

Im besten Fall wird die Fachkraft ihr Fehlverhalten reflektieren können und es kommt nicht mehr vor. Vielleicht können gemeinsam Lösungsideen für ähnliche Situationen erarbeitet werden. Zeigt sich die Fachkraft uneinsichtig, sollte die Leitung hinzugezogen werden. Diese ist verpflichtet, die Situation weiterzuverfolgen, indem sie z. B. ein Gespräch mit der Fachkraft führt, externe Hilfe anfordert oder dem Träger oder der Trägerin die Vorkommnisse in schweren Fällen meldet. In letzter Konsequenz kann die Leitung arbeitsrechtliche oder strafrechtliche Schritte anweisen.

## Wenn Konflikte im Team nicht gelöst werden können

Es kann sehr hilfreich sein, im Rahmen der **Supervision** Konflikte und Probleme, die im pädagogischen Alltag auftauchen, zu bearbeiten. Hier können beispielsweise Probleme mit Kindern aus schwierigen Familienverhältnissen oder auch individuelle Probleme mit einem bestimmten Kind besprochen werden. Diese Herangehensweise kann auch als Schutz vor einem Burn-out gesehen werden.

Manchmal ist es auch sinnvoll, in Konfliktsituationen eine **Mediation** mit dem Team durchzuführen. Hierfür wird eine Mediatorin oder ein Mediator engagiert. Diese Person hat die Rolle eines Vermittlers oder einer Vermittlerin zwischen den Konfliktparteien und die Aufgabe, die Positionen und Interessen der beteiligten Fachkräfte herauszuarbeiten. Anschließend macht die Mediatorin oder der Mediator mögliche, dahinterliegende Bedürfnisse und Gefühle sichtbar. So ein Prozess funktioniert nur, wenn alle Beteiligten guten Willens und freiwillig an der Mediation mitwirken. (Vgl. Hohmann, 2018, S. 21 ff.)

Möglicherweise tauchen während der Reflexion, Supervision oder Mediation Themen auf, die den Rahmen sprengen, z. B. weil eigene schmerzhafte Erinnerungen oder Traumata wach werden. Eine **privat durchgeführte Psychotherapie** kann in so einem Fall sehr sinnvoll sein, denn sie hilft durch Gespräche, das seelische Leiden zu lindern. Es gibt Psychotherapien mit unterschiedlichen Ansätzen, wie etwa die Verhaltenstherapie oder die Psychoanalyse. Die Kosten einer anerkannten Psychotherapie trägt in der Regel die Krankenkasse.

## Raum und Zeit für Bedürfnisse der Fachkräfte

Für eine offene Kommunikation und eine positive Feedbackkultur in der Kita brauchen Fachkräfte ausreichend Raum und Zeit. Bei Personalmangel werden beispielsweise Stunden für Teamsitzungen schnell gestrichen, weil die Fachkräfte den Gruppendienst aufrechterhalten müssen. Für eine fachlich gute und reflektierte pädagogische Arbeit sind diese Gespräche jedoch unverzichtbar.

Fachkräfte sollten in Teamgesprächen die Gelegenheit haben, besondere Belastungssituationen anzusprechen und ihre Bedürfnisse zu äußern.

*Renate fühlt sich gestresst. Sie hat oft Kopfschmerzen und der Lärmpegel in der Gruppe ist ihr zu laut. Wenn dann auch noch viele Kinder gleichzeitig etwas von ihr möchten, könnte sie ausflippen. Sie geht dann kurz vor die Tür, auf die angrenzende Terrasse am Gruppenraum, und atmet tief durch. Doch die Kinder klopfen an die Scheibe und Renate ist weiterhin genervt. Sie wünscht sich in solchen Momenten eine kurze Pause, fernab von den Kindern.*

Hier wird deutlich, dass Renate eine Möglichkeit braucht, sich bei Überbelastung außerplanmäßig eine Auszeit zu nehmen. „Mal eben alleine durchatmen“ oder „mal eben in Ruhe ein Glas Saft trinken“ –

wenn das strukturell in der Kita ermöglicht würde, wäre es nicht nur eine Prävention gegen psychische Gewalt (Renate flippt bisher nur innerlich aus), sondern auch eine Burn-out-Prophylaxe.

Nicht immer ist es ausreichend, wenn sich die Kollegen und Kolleginnen untereinander austauschen. Auch die Kommunikation zwischen den Fachkräften und der Leitung sowie den Trägerinnen und Trägern ist von Bedeutung, um Arbeitsbedingungen zugunsten der individuellen Bedürfnisse zu verändern. Leitungskräfte haben eine Fürsorgepflicht für ihre Mitarbeiterinnen und Mitarbeiter. Werden Überforderungen und Engpässe aufgezeigt, gehört es zur Aufgabe der Leitung, Hilfen zu organisieren und die Fachkräfte zu entlasten. Oft muss dafür die Trägerin bzw. der Träger miteinbezogen werden.

Viele Be- und Entlastungen hängen mit dem Personalschlüssel der Kita zusammen. Diesen den Gegebenheiten anzupassen, liegt in der Regel nicht allein in der Macht der Leitung. Möglich wäre bei dem oben genannten Beispiel, dass Renate und die Leitung die Absprache treffen, dass Renate bei Bedarf eine Auszeit nehmen kann und die Leitung für diese Zeit mit in die Gruppe geht.

## Raum und Zeit für die Bedürfnisse der Kinder – den Tagesablauf flexibel gestalten

Gewaltvolles Verhalten tritt oft in stressigen Situationen auf. Stressige Situationen kommen in der Kita meist dann zustande, wenn alle Kinder zur selben Zeit etwas tun sollen, damit die Abläufe eingehalten werden können. Es wäre wie ein Sechser im Lotto, wenn alle Kinder zur selben Zeit so müde sind, dass sie ein Bedürfnis nach Schlaf haben, alle zur selben Zeit auf die Toilette müssen, eine neue Windel möchten oder Hunger haben.

Fachkräfte geraten unter Druck, wenn Abläufe nicht eingehalten werden und Kinder sich querstellen. Sie reagieren dann verständlicherweise gestresst, wenn ein Kind beim Mittagsschlaf laut Witze erzählt oder ein Kind so langsam und genüsslich isst, dass das Mittagessen in die Länge gezogen wird.

Diese und andere Schlüsselsituationen lassen sich vermeiden, wenn die Abläufe in der Kita zeitlich und auch räumlich flexibler gestaltet werden können, entsprechend den kindlichen Bedürfnissen. Denn wenn Angebote verpflichtend sind, haben individuelle Bedürfnisse einzelner Kinder keinen Platz.

Viele pädagogische Fachkräfte halten an den starren Vorgaben in der Kita fest: „Das war schon immer so, hat sich bewährt und das bleibt bei jeder Gruppe so!" Hier ist flexibles Denken und Ausprobieren gefragt. Wieso denn beispielsweise den Morgenkreis nicht verkürzen, wenn viele Kinder in der Gruppe Schwierigkeiten haben, ruhig und konzentriert zuzuhören? Wieso kein Frühstücksangebot, von dem sich die Kinder, die satt sind, entfernen können, damit es nicht zu laut im Frühstücksraum wird? Und ist es wirklich schlimm, wenn zwei Kinder beim Angebot nicht mitmachen, wenn sie gerade in ein anderes Spiel vertieft sind?

## Strafen und Konsequenzen in der Kita

Früher hieß es „Strafe", heute nennt man es „Konsequenz". Aber egal, wie man es benennt: Wenn Regeln in der Kita nicht eingehalten werden, passiert etwas Negatives für das regelbrechende Kind. Die Regeln sind in den meisten Kitas von Erwachsenen aufgestellt und leuchten nicht jedem Kind ein. So könnte ein Kind denken: „Wieso soll ich eine Mütze aufsetzen, wenn mir vom Rennen auf dem Außengelände ganz warm ist? Ich setze sie lieber ab und lege sie auf die Schaukel, um weiter zu rennen." Die Regeln in der Kita sind meistens keine gemeinsam getroffenen Vereinbarungen zwischen Kindern und

Erwachsenen, sondern es sind offizielle Regeln. Angepasste Kinder befolgen Regeln, die aufgestellt werden, aber nur, weil sie Angst vor der Bestrafung oder den Wunsch nach Belohnung haben. Auf diese Weise werden sie abhängig von äußeren Reizen gemacht und achten weniger auf sich.

Selbstverständlich gibt es in Kitas keine offiziellen körperlichen Züchtigungen als Strafe. Die Strafen oder Konsequenzen werden als nachvollziehbar dargestellt und im Zusammenhang mit dem Stören erklärt.

Statt zu bestrafen, sollten Sie sich die Frage stellen, warum es dem Kind nicht möglich ist, ohne Störung am Gruppengeschehen teilzunehmen: Welche Bedürfnisse stecken hinter dem kindlichen Verhalten? Was braucht das Kind, damit das Bedürfnis befriedigt wird? Wie können Sie dem Kind helfen, sein Bedürfnis zu befriedigen? Könnten Sie das Kind z. B. aktiver miteinbeziehen? Sollten Sie den Morgenkreis verkürzen? Sollten Sie spontan Bewegungselemente in den Morgenkreis integrieren? Diese Versuche sind sinnvoller für alle Beteiligten als Strafen.

## Mit Kindern Gruppenregeln festlegen

Es ist sinnvoll, die Regeln, die in der Gruppe und in der Kita aufgestellt wurden, sowie die Konsequenzen, wenn diese nicht eingehalten werden, näher zu betrachten. Können Regeln gemeinsam mit den Kindern in sinnvolle, nachvollziehbare Vereinbarungen verwandelt werden? Wie können Kinder an der Erarbeitung und Festlegung von Regeln und Konsequenzen beteiligt werden?

**GUT ZU WISSEN**

Kinder sollten im Rahmen ihrer Möglichkeiten in der Kita mitwirken, mitbestimmen und an Entscheidungen beteiligt werden. (Vgl. Kreuziger 2002–2011, o. S.) Für das Umsetzen dieser in Kitas „Partizipation" genannten Mitbestimmung gibt es rechtliche Grundlagen. So legte die UN-Kinderrechtskonvention 1989 fest, dass Kinder ein Recht darauf haben, dass ihr Wille und ihre Meinung gehört und berücksichtigt werden. (Vgl. Deutsches Komitee für UNICEF e. V. 1989, o. S.) Im Kinder- und Jugendhilfegesetz heißt es auch: „Kinder und Jugendliche sind entsprechend ihrem Entwicklungsstand an allen sie betreffenden Entscheidungen der öffentlichen Jugendhilfe zu beteiligen." (§ 8 Absatz 1 SGB VIII) Da § 8 keinerlei Altersbegrenzungen enthält, gilt er auch für Kitas.

Wenn Kinder die Regeln in ihrer Gruppe mitgestalten, halten sie sich gern daran und achten darauf, dass andere Kinder sich auch an die gemeinsam erarbeiteten Regeln halten. Bei der Erarbeitung der Regeln sollte die pädagogische Fachkraft mit den Kindern in ein dialogisches Gespräch kommen und sie bei der Lösungsfindung begleiten und theoretisch und auch ganz praktisch unterstützen.

## Was tun, wenn ich psychische Gewalt ausgeübt habe?

Jeder Fachkraft kann ein Fehlverhalten im pädagogischen Alltag passieren. Private Belastungen oder zu viel Stress im Job können dazu führen, dass man sich im Ton vergreift oder eine unpassende Bemerkung macht. Im besten Fall fällt der Fachkraft ihr Fehlverhalten unmittelbar auf oder es wird ihr von einem Kollegen oder einer Kollegin bewusst gemacht. Nun ist es wichtig, das Fehlverhalten zu reflektieren und sich beim Kind zu entschuldigen.

*Die Kinder ziehen sich an, um auf das Außengelände zu gehen. Die Erzieherin Cansu ist genervt, weil Ella sich sehr langsam anzieht und verträumt jedes Kind betrachtet, das an ihr vorbeiläuft. Cansu selbst hat eine viel zu dicke Jacke an und schwitzt, während sie neben Ella steht und warten muss. Zudem setzt es sie unter Druck, dass die anderen Kinder schon mit einer Praktikantin rausgerannt sind und sie der Praktikantin nicht mit gutem Gewissen die Aufsichtspflicht übertragen kann. Sie lässt ihren inneren Druck und ihr körperliches Unwohlsein an Ella aus, indem sie sie schreiend zurechtweist: „Ella! Nun sieh zu, dass du deine Klamotten anziehst. Du bist immer die Langsamste hier und ich muss immer auf dich warten!" Cansu tun die Worte bereits leid, während sie diese mit hochrotem Kopf brüllt.*

Da Kinder unter Fehlverhalten leiden und das Gesagte schnell verinnerlichen, sollte die Entschuldigung möglichst zeitnah erfolgen. Die Fachkraft sollte sich aber erst dann entschuldigen, wenn ihr das Fehlverhalten tatsächlich bewusst ist und eine Entschuldigung nicht nur so daher gesagt wird. Denn Kinder merken schnell, wenn sie nicht so gemeint ist. Das Verhalten kennen Kinder von sich selbst, wenn ihnen befohlen wird, sich bei einem Kind für etwas zu entschuldigen, für was sie sich gar nicht entschuldigen möchten. Die Fachkraft sollte ihren Fehler benennen und erklären: „Ich habe gesagt, dass du immer die Langsamste bist, Ella. Dafür möchte ich mich entschuldigen. Du bist mit Sicherheit nicht langsam! Im Schneiden und Aufräumen bist du ganz schnell. Nur beim Anziehen heute hast du dir Zeit gelassen und das ist völlig in Ordnung. Ich wollte schnell raus und das hat mich genervt. Beim nächsten Mal ziehe ich mir einfach meine Jacke wieder aus, damit ich nicht so schwitze, wenn es noch etwas dauert. Es ist immer gut, seine Sachen in Ruhe zu Ende zu machen." Nun ist es erforderlich, dass die Fachkraft das Gesagte beim nächsten Mal auch umsetzt. Auf jeden Fall sollte vermieden werden, die Verantwortung des Vorfalls auf das Kind zu schieben. Das wäre beispielsweise der Fall, wenn die Fachkraft sich wie folgt entschuldigt: „Es tut mir leid, dass ich gesagt habe, dass du immer die Langsamste bist. Aber wenn man immer auf ein Kind warten muss, dann ist das echt nicht schön! Und dann poltere ich schon mal los vor Genervtheit." Oft ist es zwar ratsam, dem Kind den Grund für das eigene Fehlverhalten zu erklären, es darf ihm aber keinesfalls die Schuld gegeben werden. Alle Sätze mit **ABER** kann man sich sparen. In der ersten Satzhälfte wird ein Fehler zugegeben und in der zweiten wird die Verantwortung wieder auf das Gegenüber übertragen und die Entschuldigung zunichte gemacht.

Viele Kinder sind beim Entschuldigen daran gewöhnt, dass sich ein Kind entschuldigen muss, während das andere Kind die Entschuldigung annimmt. Dann ist alles wieder gut. Diese Floskeln werden in der Kita oft ausgetauscht. Sie zeugen zwar von Höflichkeit, aber werden manchmal gar nicht gefühlt. Deshalb sollte das Kind von der Fachkraft nie gezwungen werden, die Entschuldigung sofort annehmen zu müssen. Erwachsene wollen sich dadurch entlasten. Wenn Ella aber über den Spruch der Fachkraft Cansu tief gekränkt war, dann darf sie die Entschuldigung auch so lange ablehnen, wie sie gekränkt ist. Manchmal dauert es nur ein paar Stunden, manchmal mehrere Tage, bis etwas verziehen ist. Diese Situationen kennen alle – und bei Kindern ist es nicht anders. In einigen Fällen (z. B. bei sehr großen Kränkungen) kann es sinnvoll sein, die Eltern in einem Gespräch darüber zu informieren und sich auch bei ihnen zu entschuldigen.

---

Bei wiederholtem Fehlverhalten sollte sich die Fachkraft Hilfe holen. Gemeinsam mit der Leitung oder einer psychologisch geschulten Person sollte reflektiert werden, was zu diesem Verhalten führt; was die Fachkraft braucht, damit es nicht mehr vorkommt, und wie die Situation realistisch gelöst werden kann.

---

## Kinder müssen sich beschweren können!

In jeder Kita kommt es zu Konflikten. Dort, wo viele Kinder und Erwachsene zusammen spielen, lernen und ihre Zeit gemeinsam verbringen, kommt es zwangsläufig zu Meinungsverschiedenheiten und Interessenskonflikten – und sicher auch mal zu Ungerechtigkeiten. Kinder müssen in der Kita die Möglichkeit haben, sich über unangemessenes Verhalten der Fachkräfte zu beschweren. Das trägt zum Schutz der Kinder vor Gewalt bei und die Fachkräfte bekommen durch die Kinder auf diesem Weg wertvolles Feedback.

*Die Kinder sitzen im Morgenkreis. Abena wird von ihrer Mutter zur Tür hereingeschoben und setzt sich leise auf einen freien Stuhl. Die Fachkraft Pamela verdreht genervt die Augen und sagt: „Immer kommst du zu spät. Ich muss deiner Mutter mal eine Uhr schenken. Das ewige Zuspätkommen stört den Morgenkreis. Geh bitte wieder raus und warte vor der Tür." Abena senkt den Kopf und geht raus. Paavo und Lina finden das Verhalten der Fachkraft Pamela ungerecht und sind sauer. Sie haben Abena extra einen Platz freigehalten und sich so gefreut, dass sie da ist, weil sie sich verabredet hatten, heute alles zu dritt zu machen.*

Wie können sich die Kinder nun über das ungerechte Verhalten der Fachkraft beschweren? Keine erwachsene Person bekommt die Äußerungen der Fachkraft und den Ausschluss von Abena mit. Lediglich die Kinder könnten eingreifen. Aber wie? Bei ihrer eigenen Erzieherin Pamela stößt die Meinung der Kinder sicher kaum auf fruchtbaren Boden.

Beschwerdeverfahren in der Kita zu etablieren, ist nicht nur für Kinder wichtig, damit sie respektiert werden und lernen, sich erfolgreich für ihre Rechte und die der anderen einzusetzen. Die pädagogischen Fachkräfte profitieren ebenfalls, denn sie erhalten Feedback für ihr Handeln und Verhalten und das wiederum können sie für ihre persönliche und berufliche Weiterentwicklung nutzen. Zudem üben sie sich in Kritikfähigkeit. Darüber hinaus sind pädagogische Fachkräfte immer wieder dazu angehalten, ihre Machtposition den Kindern gegenüber zu reflektieren. Sie sind aufgefordert, zu hinterfragen, ob sie ihre Macht (bewusst oder auch unbewusst) missbräuchlich einsetzen oder ausnutzen.

Kitas haben die Möglichkeit, Beschwerdeangebote, wie eine Sprechstunde bei der Leitung oder eine Beschwerderunde im Rahmen des Morgenkreises, anzubieten. Sinnvoller kann aber das Beobachten der Kinder sein. Denn Kinder beschweren sich oft nicht direkt, sondern äußern ihren Unmut auf andere Weise, wie etwa eine Beschwerde über etwas ganz anderes, was nicht so schlimm erscheint. Pädagogische Fachkräfte sollten hier sensibel hinterfragen, was dahinterstecken könnte. Diese Beschwerden kommen im Alltag spontan und werden von den Kindern meist nicht im Rahmen des dafür vorgesehenen Beschwerdekreises vorgetragen. Berit Wolter und Anne Backhaus haben folgende Beobachtungsfragen zusammengetragen:

- „Welche Kinder beschweren sich?"
- „Auf welche Weise beschweren sie sich?"
- „Worüber beschweren sie sich? Und worüber beschweren sie sich nicht?"
- „Bei wem beschweren sie sich?"
- „Auf welche Beschwerden gehen die Kolleginnen und Kollegen ein?"
- „Wie gehen die Kolleginnen und Kollegen auf die Beschwerden ein?"
- „Welche Beschwerden werden unabsichtlich übersehen?"
- „Welche Beschwerden werden absichtlich ignoriert?"
- „Welche Beschwerden werden falsch interpretiert?"

(Vgl. Wolter/Backhaus 2019)

Es sollten regelmäßige Besprechungen stattfinden, um die kollegialen Beobachtungen auszutauschen. Kollegen und Kolleginnen sollten

z. B. auf ignorantes Verhalten oder Fehlinterpretationen aufmerksam gemacht werden.

Wichtig ist auch, dass Fachkräfte alle Beschwerden der Kinder ernst nehmen und die Kinder ermutigen, sich für ihre Rechte und die der anderen einzusetzen: „Toll, dass dir das auffällt, Paavo. Das war wirklich nicht gerecht von mir. Vielen Dank, dass du mich darauf aufmerksam gemacht hast. Ich werde mich bei Abena entschuldigen und es beim nächsten Mal anders machen." In manchen Fällen brauchen Kinder die Hilfe der Fachkraft, um ihre Beschwerde treffend zu formulieren. Hier müssen Fachkräfte die Kinder unterstützen.
(Vgl. Wolter/Backhaus 2019)

**Fragen zur Selbstreflexion: Wie gehe ich damit um, wenn sich ein Kind über mich beschwert?**

- Wie fühle ich mich, wenn sich jemand bei mir über etwas beschwert?
- Wie gehe ich mit Beschwerden um, die mich betreffen?
- Wie kann ich persönliche Beschwerden hören, ohne dass es sich negativ auf die Beziehung auswirkt?
- Wie kann mich die Beschwerde bereichern?
- Welche Befürchtungen oder Ängste kann ich bei mir wahrnehmen, wenn sich die Kinder und Familien bei mir beschweren?
- Gehe ich jeder Beschwerde gleichermaßen gewissenhaft nach?

(Vgl. Landschaftsverband Rheinland [Hrsg.] 2019, S. 15)

## Gewaltfreies Kommunizieren in der Kita

Viele Menschen, die gestresst und unter Druck sind, reagieren in Konfliktsituationen aggressiv bzw. gewaltvoll. Es gibt aber auch Menschen, die in solchen Situationen Verständnis und Mitgefühl für das Gegenüber zeigen.

**GUT ZU WISSEN**

Der amerikanische Psychologe Marshall B. Rosenberg hat sich in den 1970er-Jahren mit dem Thema „gewaltfreie Kommunikation" auseinandergesetzt. Er kam zu dem Ergebnis, dass die innere Haltung und ein spezifisches Sprachmuster ausschlaggebend dafür sind, sich verständnisvoll und mitfühlend zu verhalten und seine Macht nicht zu missbrauchen. Rosenberg entwickelte das Konzept der gewaltfreien Kommunikation, das Menschen dazu verhelfen kann, diese bestimmte Haltung und das Sprachmuster zu entwickeln und zu trainieren. Er geht davon aus, dass sich Gewalt nicht nur durch körperliche oder sprachliche Gewalt äußert, sondern bereits in einem gewaltvollen Denken beginnt.

So spricht Rosenberg z. B. schon von Gewalt, wenn eine Fachkraft denkt: „Pia muss jetzt sofort die Schere weglegen! Alle Kinder müssen jetzt mit dem Schneiden aufhören, denn wir müssen rausgehen. Die Sonne scheint." Diese Gedanken beinhalten Druck, Zwang und Festschreibung. Pia muss mit dem Schneiden aufhören, obwohl sie in diese Aufgabe gerade vertieft ist. Die Reaktion der Fachkraft ist „Pia! Aufhören! Schere weglegen und jetzt ganz schnell anziehen und raus! Los jetzt! Du bist hier die Letzte – alle Kinder sind schon draußen." oder „Wenn du nicht sofort die Schere weglegst, dann darfst du heute gar nicht mehr raus. Also, los!" Pia wird von der Fachkraft negativ bewertet und es wird ihr eine Bestrafung angedroht. Durch solch eine Reaktion entstehen Druck und somit ein Akt der Gewalt. Eine bessere Alternative wäre, Pia auf Augenhöhe zu begegnen und ihr Bedürfnis wahrzunehmen: Warum sollte sie ihr Vorhaben nicht zu Ende machen können? Anschließend wird sie nachkommen können.

**TIPP**

Hilfreich ist eine gedankliche Flexibilität. Es gibt immer mehrere Blickwinkel, um eine Situation zu betrachten. So auch in der Sprache. Auch die sprachlichen Aussagen sollten daher nicht statisch sein, sondern mehr als die eine Perspektive ermöglichen.

Das bedeutet, dass auf Bewertungen und Zuschreibungen, wie „Wenn die Sonne scheint, ist es das Beste für die Kinder, draußen zu spielen." oder „Pia macht nie, was die Fachkraft ihr sagt." verzichtet werden sollte. Spielen alle Kinder gern bei Sonnenschein auf Kommando draußen? Pia ist es wichtig, ihr Vorhaben zu beenden, bevor sie etwas anderes macht. (Vgl. de Haen/Hardieß 2015, S. 11 ff.)

Alle haben die Wahl und die Freiheit, zu entscheiden, wie auf eine Situation reagiert wird. Im Fall von Pia muss die Fachkraft nicht aggressiv und verärgert reagieren, weil Pia die Schere nicht zur Seite legt.

**TIPP**

Sie sollten die Situation zunächst so sehen, wie sie ist. Ohne sie zu bewerten. Das Prinzip kennt jede pädagogische Fachkraft, wenn es um die Durchführung von gezielten Beobachtungen im pädagogischen Alltag geht. Auch in anderen alltäglichen Situationen hilft es, Situationen neutral zu betrachten, denn erst die Bewertungen und Beurteilungen einer Situation machen sie zum Konflikt. Für eine neutrale Betrachtungsweise ist es unumgänglich, sich mit eigenen Wahrnehmungsfallen, Vorurteilen, Normen und Werten zu beschäftigen.

Hat eine Fachkraft beispielsweise die unreflektierte Überzeugung, dass Jungen einen größeren Bewegungsdrang als Mädchen haben, wird sie Mädchen schneller zur Ruhe ermahnen als Jungen. Je bewusster man sich über seine Gedanken und Gefühle ist, desto weniger automatisiert reagiert man. Und das bietet die Chance, „auszusteigen", d. h. sich schnell bewusst zu machen, was gerade los ist und warum welcher Reaktionsimpuls zustande kommt. Nur auf diese Weise bekommt man wieder einen neutralen Blick.

So ist es beispielsweise denkbar, dass die Fachkraft selbst gern einen Moment in der Sonne verbringen möchte, aber dieses Bedürfnis nicht bewusst wahrnimmt. Stattdessen wird sie aggressiv, weil Pia ihr einen Strich durch die Rechnung macht. An einem Tag, an dem sie selbst keine große Lust hat, rauszugehen, würde sie ggf. anders auf Pia reagieren, die noch weiterbasteln möchte. Angenehme Gefühle zeigen an, dass alle eigenen Bedürfnisse erfüllt sind. Stellen sich unangenehme Gefühle ein, ist das nicht der Fall. Die Fachkraft sollte überlegen, was sie gerade braucht und ob sie sich das Bedürfnis gerade erfüllen kann. Vielleicht reicht es auch, sich das Bedürfnis klarzumachen und es auf den Feierabend zu verschieben. Vielleicht kann sie eine Kollegin oder einen Kollegen bitten, für ein paar Minuten die Kinder drinnen zu beaufsichtigen und sich eine kleine Pause draußen zu gönnen. Möglicherweise ist es Pia auch zuzutrauen, ihr Vorhaben allein zu beenden und danach rauszugehen. Manche Bedürfnisse sind einfacher wahrzunehmen, wie etwa durstig zu sein, und einfacher zu befriedigen, also etwas zu trinken. Andere hingegen sind einfach zu identifizieren, wie etwa Müdigkeit, aber bei der Arbeit nicht zu befriedigen, denn dort darf nicht geschlafen werden. Vielleicht reicht es aber auch schon, sich in der Kuschelecke auszustrecken und ein Buch vorzulesen oder die Verabredung für später abzusagen und zu wissen, dass nach der Arbeit nichts mehr zu tun ist. Oft gibt es mehrere Wege, um sein Bedürfnis zu erfüllen.

Doch die Bedürfnisse an sich sind nicht das eigentliche Problem. Der Konflikt entsteht erst, wenn unterschiedliche Bedürfnisse nicht unter einen Hut zu kriegen sind oder ein Bedürfnis gerade nicht befriedigt werden kann.

An dieser Stelle sind unterschiedliche Arten von Bedürfnissen zu unterscheiden. Zu den biologischen Bedürfnissen gehören beispielsweise Schutz, Erholung und körperliches Wohlbefinden. Zu psychischen Bedürfnissen zählen beispielsweise Abwechslung, Entwicklung und Selbstausdruck. Zu den sozialen Bedürfnissen gehören z. B. Unterstützung, Zugehörigkeit und Vertrauen. Je genauer ein Bedürfnis identifiziert ist, desto gezielter kann über Befriedigungsmöglichkeiten nachgedacht werden. (Vgl. de Haen/Hardieß 2015, S. 48 ff.)

Konflikthafte Situationen können beschwichtigt werden, wenn die Bedürfnisse der Beteiligten wahrgenommen werden. Wenn Pia ihre Schneidearbeit also allein beenden und die Fachkraft währenddessen schon die Sonne genießen könnte, würde kein Konflikt entstehen.

## Ganz konkret – Diese vier Elemente bestimmen eine gewaltfreie Kommunikation

1. **Beobachtung**
   Beobachten Sie möglichst objektiv und ohne zu beurteilen oder zu werten, was gerade geschieht. Hören und schauen Sie genau hin, was das Kind sagt, ausdrückt und tut.

   ▶ *Es ist Frühstückszeit in der Kita. Paul puzzelt. Er will nicht frühstücken.* ◀

2. **Gefühle**
   Machen Sie sich bewusst, welche Gefühle bei der Beobachtung ausgelöst werden. Die Gefühle können Sie körperlich spüren, wie etwa Ekel, Angst oder Freude. Sprechen Sie die Gefühle aus.

   ▶ *Sie sind traurig, weil Sie heute Geburtstag und für alle Kinder Brötchen mitgebracht haben. Sie nehmen wahr, dass Paul sein Puzzle wichtiger ist als Sie. Sie hätten Paul gern beim Frühstück dabeigehabt, um Ihren Geburtstag zu feiern.* ◀

3. **Bedürfnisse**
   Nehmen Sie wahr, welches Bedürfnis hinter dem Gefühl steht. Es können auch mehrere Bedürfnisse sein, wie etwa Ruhe und Sicherheit. Was brauchen Sie, um das Bedürfnis zu befriedigen? An dieser Stelle wird oft deutlich, dass nicht das Verhalten einer anderen Person das negative Gefühl auslöst, sondern unser Bedürfnis, das nicht befriedigt wird.

   ▶ *Hinter dem Gefühl der Traurigkeit steht das Bedürfnis, dass Sie sich wertgeschätzt fühlen möchten.* ◀

4. **Bitte**
   Was brauchen Sie also? Formulieren Sie eine eindeutige, klare Bitte an Ihr Gegenüber. Was kann Ihr Gegenüber tun, damit die Situation verbessert wird? Hier geht es tatsächlich um eine Bitte – ohne einen fordernden Zwang auszuüben. Das Gegenüber kann selbst entscheiden, ob es die Bitte erfüllen kann oder möchte. Ein Nein sollte von Ihnen akzeptiert und respektiert sein. In einem weiteren Schritt sollten Sie versuchen, Kompromisse zu finden.

   ▶ *Sie geben Paul zu verstehen, dass Sie nachvollziehen können, dass er sein Puzzle beenden möchte. Sie bitten Paul, zusammen mit Ihnen und den anderen Kindern Ihren Geburtstag zu feiern, schließlich gehört Paul dazu.* ◀

## Das Schutzkonzept der Kita

Jede Kita muss ein geschützter Raum für alle Kinder sein. Dafür hat jede Einrichtung ein eigenes Schutzkonzept zu erarbeiten und zu verschriftlichen. Es sollte festgeschrieben sein, wie Gewalt durch pädagogische Fachkräfte präventiv verhindert werden kann und was zu tun ist, wenn Gewalt von einer Fachkraft ausgeht. (Vgl. Maywald 2019b, S. 105)

Für ein Schutzkonzept gibt es keine für alle Kitas verbindlichen Vorgaben fachlicher oder rechtlicher Art. Das bedeutet, dass die einzelnen Kitas oder der Träger bzw. die Trägerin entscheidet, ob es sich auf den Schutz vor sexuellen Missbrauch bezieht, auf den Schutz vor sämtlichen Formen von Gewalt oder auf die Realisierung aller Schutz-, Förder- und Beteiligungsrechte entsprechend dem Regelwerk der UN-Kinderkonvention. (Vgl. Maywald 2019b, S. 105) In dieser sind die Kinderrechte festgeschrieben, wie etwa das Recht auf Bildung oder das Recht auf Schutz vor Gewalt. Die Kinderrechte gelten weltweit. (Vgl. Deutsches Komitee für UNICEF e.V. 1989, o.S.) Ein Schutzkonzept sollte Kinder vor allen möglichen Formen der Gewalt schützen.

Die Kita-Leitung ist verantwortlich für die Entwicklung und Umsetzung des Schutzkonzeptes. Eine Beratung durch auf Gewaltprävention spezialisierte Fachberatungsstellen ist sinnvoll. Diese Beratungsstellen haben zum einen die benötigte Fachkompetenz und zum anderen den objektiven Blick, ohne emotional in Beziehungsdynamiken involviert zu werden oder Gefahr zu laufen, „betriebsblind" zu sein.

Es ist unabdingbar, dass die pädagogischen Fachkräfte das Schutzkonzept mitentwickeln. Schreibt die Trägerin oder der Träger das Konzept für die Kita, ist die Gefahr groß, dass es lediglich in der Schublade des Kita-Büros landet. Ein Schutzkonzept muss „gelebt" und nicht als theoretisches Papier abgelegt werden. Alle Fachkräfte einer Einrichtung müssen sich aktiv mit den gemeinsamen Standards und Regelungen auseinandersetzen und bei der Gestaltung oder auch Umgestaltung miteinbringen können. Schließlich sind es die Mitarbeiter und Mitarbeiterinnen der Kita, die es tagtäglich umsetzen.

**Ein Schutzkonzept sollte folgende Bestandteile enthalten:**

- Leitbild, Satzung oder Ethikrichtlinie der Kita
- Verhaltenskodex/Selbstverpflichtungserklärung
- Fortbildungen der Fachkräfte (zur Sensibilisierung von Gewalt)

- Vorlage eines erweiterten Führungszeugnisses
- Partizipation der Kinder
- Präventionsangebote für Kinder (Kinder stärken)
- Informationsveranstaltungen für Eltern
- Beschwerdeverfahren
- Interventionsplan bei Gewalt

(Vgl. Unabhängiger Beauftragter für Fragen des sexuellen Kindesmissbrauchs 2021, o. S.)

Jede Kita ist einzigartig, denn jede Kita setzt sich aus anderen Fachkräften, Kindern und Eltern zusammen. Ein erfolgreiches Schutzkonzept einer Kita kann also nicht ohne Weiteres auf eine andere übertragen werden. Beispiele können jedoch eine gute Anregung zur Erarbeitung eines eigenen Konzepts sein. Die Entwicklung und die Arbeit am Schutzkonzept ist aufwendig und zeitintensiv. Es ist jedoch zu betonen, dass ein erarbeitetes und gelebtes Schutzkonzept eine große Entlastung im pädagogischen Alltag sein kann, denn im Ernstfall wissen alle, was zu tun ist.

## Eltern für psychische Gewalt sensibilisieren

Eltern sind in der Regel die beständigsten und wichtigsten Bezugspersonen der Kinder. Sie gehen davon aus, dass die Kita ein sicherer Ort für ihre Kinder ist und dass sie dort keine psychische Gewalt erfahren. Eltern sollten ermutigt werden, genau hinzuschauen, wenn eine Situation in ihnen ein negatives Gefühl im Bauch auslöst. Sie müssen das Schutzkonzept kennen, damit sie es mittragen können. So sollten sie beispielsweise genau wissen, wo sie sich beschweren können, wenn das Kind ihnen mitteilt, dass es nicht gut in der Kita behandelt wird. Daneben sollten Eltern für das Thema „psychische Gewalt", z. B. durch einen themenbezogenen Elternabend, sensibilisiert werden, damit ihr eigenes Erziehungsverhalten möglichst frei von psychischer Gewalt gestaltet wird.

## „Nicht mit mir!" – Kinder stärken

Die Verantwortung für jedes pädagogische Fehlverhalten liegt niemals beim Kind, sondern immer bei der erwachsenen Person.

Kinder können in bestimmten Bereichen gefördert werden. Aber die Fachkräfte, Einrichtungen und Trägerinnen und Träger tragen die Verantwortung dafür, die Gegebenheiten dafür zu schaffen, dass Kinder ihre Meinung äußern und Feedback geben können. Folgende Strukturen können zur Stärkung der Kinder eingeführt werden:

- eine Gesprächskultur in der Kita, in der Kinder ernst genommen werden und gewaltfrei mit ihnen kommuniziert wird (s. S. 35 ff.).
- eine Partizipationskultur in der Kita, die gewährleistet, dass Kinder ihre Meinung ausdrücken können und dass auf diese adäquat eingegangen wird (s. S. 29 f.).
- Beschwerdeverfahren für Kinder, die jedem Kind entsprechend seinem Entwicklungsstand ermöglichen, sich bei Ungerechtigkeiten zu beschweren (s. S. 33 ff.).

Durch die Umsetzung und einen täglichen Umgang mit diesen Strukturen, bei dem die Kinder wahrgenommen werden, ernst genommen werden und adäquat auf sie reagiert wird, erleben die Kinder, dass sie selbstwirksam sein können. Sie machen die Erfahrung, dass sie gesehen, gehört und verstanden werden und dass sie imstande sind, etwas zu bewirken. Sie lernen, dass es sich lohnt, bei Ungerechtigkeiten die Stimme zu erheben und sich für sich und andere einzusetzen. Das soll auf keinen Fall bedeuten, dass Kinder dann vor Gewalt geschützt sind, denn eine erwachsene Person ist immer mächtiger als ein Kind. Dennoch tragen diese Strukturen wesentlich dazu bei, psychische Gewalt zu verhindern.

# Ein paar Worte zum Schluss

## Hinschauen, wahrnehmen und handeln!

Psychische Gewaltausübung kann in jeder Kita vorkommen. Sie bleibt bestehen, wenn Fachkräfte sich nicht reflektieren und Kolleginnen und Kollegen Fehlverhalten ignorieren. Deshalb ist Hinschauen, Wahrnehmen und Handeln gefragt! Psychische Gewalt schädigt die Entwicklung der Kinder und muss präventiv verhindert werden. In vielen Fällen können strukturelle Maßnahmen dabei helfen. Situationen, die Stress hervorrufen, können durch flexibles Handeln entschärft werden. So könnte beispielsweise das Mittagessen oder eine Ruhepause entsprechend den individuellen Bedürfnissen der Kinder verändert werden.

Auch die Bedürfnisse der pädagogischen Fachkräfte sind bedeutsam und sollten im Rahmen der Möglichkeiten berücksichtigt werden. Denn der Beruf der pädagogischen Fachkraft in einer Kita ist anspruchsvoll und auf Dauer körperlich und psychisch belastend. Grundlegend wichtig für eine gewaltfreie Erziehung in der Kita ist ein starkes pädagogisches Team. Zeit für Teamarbeit, Gespräche und Reflexionen sollte ein gewichtiger Bestandteil der Arbeit sein. Im Team sollte es möglich sein, Konflikte zu benennen und Lösungen zu erarbeiten. Eine offene Feedbackkultur in der Kita gehört dazu.

Zur Gewaltprävention ist es auch sinnvoll, die Kinder stärker mit in Abläufe und Gruppenregeln einzubeziehen. Die Kita sollte kein starres Gebilde sein, sondern sich entsprechend den Kindern und Mitarbeitern und Mitarbeiterinnen verändern dürfen. So werden Bedürfnisse berücksichtigt und Konflikte und geballte Stresssituationen tauchen weniger auf.

Jede Kita verfügt über ein Schutzkonzept. Die gemeinsame Erarbeitung macht es möglich, dass das Konzept auch in der Praxis tatsächlich gelebt werden kann. Eltern sollten dieses Schutzkonzept kennen und wissen, wie sie sich im Falle psychischer Gewalt in der Kita beschweren können. Dasselbe gilt für Kinder.

Gewaltfreiheit bedeutet, dass Fachkräfte ihre Macht gegenüber den Kindern nicht auf Kosten der Kinder ausspielen und ausnutzen dürfen. Eigentlich ist psychische Gewaltfreiheit ganz einfach, wenn alle die goldene Regel beachten: „Was du nicht willst, dass man dir tut, das füg auch keinem andern zu". Erwachsene nutzen diesen oder einen ähnlichen Satz häufig, um Kindern ihr Fehlverhalten vor Augen zu führen. Ein gutes Vorbild ist die Person, die sich selbst daran hält. Oder wie würden Sie sich fühlen, wenn Sie Brokkoli probieren müssten, obwohl Sie ganz sicher wissen, dass Sie ihn nicht mögen und Ihnen schon von dem Geruch schlecht wird?

Autoren-info

**Silke Hubrig** ist Berufsschullehrerin an der Fachschule für Hauswirtschaft, Gesundheit und Sozialpädagogik in Bremen mit dem Schwerpunkt Bewegung und Sport. Zuvor war sie als Erzieherin sowie Tanz- und Bewegungspädagogin tätig. In verschiedenen pädagogischen Fachverlagen sind ihre Bücher erschienen, die sich dem Thema „Frühpädagogische Praxis in Kita und Krippe" widmen.

# Quellen und Leseempfehlungen

Ay, Holm (2021): Kinder nicht zum Aufessen zwingen. [https://www.hkk.de/themen/ernaehrung/gesund-essen/kinder-nicht-zum-aufessen-zwingen] (letzter Zugriff: 29.10.2021)

Ballmann, Anke Elisabeth (2019): Seelenprügel. Was Kindern in Kitas wirklich passiert und was wir dagegen tun können. München: Kösel Verlag, 2. Auflage

BMSG (Hrsg.) (2000): Psychische Gewalt am Kinde. [https://www.gewalt-info.at/fachwissen/formen/psychisch/psychische_gewalt_kind.php] (letzter Zugriff: 18.11.2021)

De Haen, Nayoma Viktoria / Hardieß, Torsten (2015): 30 Minuten. Gewaltfreie Kommunikation. Offenbach: GABAL Verlag

Deutsches Komitee für UNICEF e.V. (1989): Konvention über die Rechte des Kindes. [https://www.unicef.de/blob/194402/3828b8c72fa8129171290d21f3de9c37/d0006-kinderkonvention-neu-data.pdf] (letzter Zugriff: 17.11.2021)

Gisbrecht, Julia (2012): Psychische Gewalt an Kindern: Auswirkungen von psychischer Gewalt in der Kindheit und im späteren Leben. Saarbrücken: Akademiker Verlag

Hafeneger, Benno (2011): Strafen, prügeln, missbrauchen: Gewalt in der Pädagogik. Frankfurt am Main: Brandes & Apsel Verlag

Hedtke, Kathrin (2018): Die Kita – ein sicherer Ort. Aktiv gegen sexuellen Missbrauch: Schutzkonzepte sorgen in Kitas für Sicherheit. [https://www.kinderkinder.dguv.de/die-kita-ein-sicherer-ort/] (letzter Zugriff: 18.11.2021)

Hohmann, Kathrin (2018): Konflikte im Team. [https://www.kita-fachtexte.de/fileadmin/Redaktion/Publikationen/KiTaFT_Hohmann_2018_KonflikteimTeam.pdf] (letzter Zugriff: 24.11.2021)

Kreuziger, Andreas (2002-2011): Partizipation von Kindern und Jugendlichen. [https://www.kinder-beteiligen.de/partizipation-kinder-jugendliche.htm] (letzter Zugriff: 18.11.2021)

Landesarbeitsgemeinschaft Kinder- und Jugendkultur e.V. (o.J.): Material zur Erstellung von Kinderschutzkonzepten. [https://www.kinderundjugendkultur.info/themen_kinderschutz/material] (letzter Zugriff: 18.11.2021)

Landschaftsverband Rheinland (Hrsg.) (2019): Kinderschutz in der Tagesbetreuung. Prävention und Intervention in der pädagogischen Praxis. [https://www.lvr.de/media/wwwlvrde/jugend/kinderundfamilien/tageseinrichtungenfrkinder/dokumente_88/Broschure_Kinderschutz_27.05.2019.pdf] (letzter Zugriff: 17.11.2021)

Leitner, Barbara (2018): Gewaltfreiheit in der Kita. [https://www.kita-fachtexte.de/de/fachtexte-finden/gewaltfreiheit-in-der-kita] (letzter Zugriff: 18.11.2021)

Lercher, Lisa / Derler, Barbara / Höbel, Ulrike (1995): Missbrauch verhindern. Handbuch zu präventivem Handeln in der Schule. Wien: Wiener Frauenverlag

Maywald, Jörg (o. J.): Beschämen, festhalten, anschreien. Gewalt durch pädagogische Fachkräfte – ein Tabuthema. [https://www.herder.de/kiga-heute/fachmagazin/archiv/2019-49-jg/9-2019/beschaemen-festhalten-anschreien-gewalt-durch-paedagogische-fachkraefte-ein-tabuthema/] (letzter Zugriff: 18.11.2021)

Maywald, Jörg (2019a): Fehlverhalten und Gewalt durch pädagogische Fachkräfte in Kitas. Warum Wegsehen, Verschweigen und Banalisieren nicht weiterhelfen. [https://www.erzieherin.de/files/editorials/fK_0120_Art_J%C3%B6rg%20Maywald.pdf] (letzter Zugriff: 18.11.2021)

Maywald, Jörg (2019b): Gewalt durch pädagogische Fachkräfte verhindern. Die Kita als sicherer Ort für Kinder. Freiburg im Breisgau: Herder Verlag

Metzler, Gina Louisa (2019): Was mit der Psyche von Kindern passiert, die angeschrien werden. [https://www.focus.de/familie/erziehung/wenn-eltern-laut-werden-was-mit-der-psyche-von-kindern-passiert-die-angeschrien-werden_id_10594529.html] (letzter Zugriff: 29.10.2021)

Mienert, Malte / Vorholz, Heidi (o. J.): Ein Elternabend zum Thema „Gewaltfreie Erziehung“. Mit Respekt geht es besser! [http://www.mamie.de/pdf/GewaltfreiRaabe.pdf] (letzter Zugriff: 18.11.2021)

Ruben, Beate (2018): Gewaltfreie Kommunikation nach Marshall B. Rosenberg: Chancen und Herausforderungen für die Anwendung in Kindertageseinrichtungen. [https://www.kindergartenpaedagogik.de/fachartikel/gruppenleitung-erzieherin-kind-beziehung-partizipation/beziehungsgestaltung-gespraechsfuehrung-konflikte/2438] (letzter Zugriff: 18.11.2021)

Stangl, Werner (2020): Gutes Feedback – Regeln für eine wirksame Rückmeldung. [http://arbeitsblaetter.stangl-taller.at/KOMMUNIKATION/FeedbackRegeln.shtml] (letzter Zugriff: 18. 11. 2021)

Techniker Krankenkasse (2021): Auswirkungen von Gewalt. [https://gewalt-gegen-kinder-mv.de/index.php/leitfaden/gewalt-gegen-kinder-main-menu-29/auswirkungen-mainmenu-32] (letzter Zugriff: 29. 10. 2021)

Unabhängiger Beauftragter für Fragen des sexuellen Kindesmissbrauchs (2021): Schutzkonzepte. [https://beauftragter-missbrauch.de/praevention/schutzkonzepte/#e53210] (letzter Zugriff: 18.11.2021)

Wolter, Berit / Backhaus, Anne (2019): Wenn Diskriminierung nicht in den Kummerkasten passt. [http://kids.kinderwelten.net/publikationen.html] (letzter Zugriff: 18. 11. 2021)

Sozialgesetzbuch (2021) [https://www.sozialgesetzbuch-sgb.de/sgbviii/8.html] (letzter Zugriff: 18. 11. 2021)